AF224107

PROCÈS-VERBAL

DE LA FÊTE

DU 10 AOUT, 23 THERMIDOR AN 6.

PROCÈS-VERBAL

DE LA FÊTE DU 10 AOUT,

CÉLÉBRÉE dans la commune de Toulouse le 23 Thermidor, an 6 de là République française, une & indivisible.

LA commune de Toulouse a célébré la fête du 10 Août le 23 Thermidor, avec toute la pompe, toute la dignité qu'exige le glorieux événement qu'elle commémore ; l'administration municipale en avoit d'avance publié le programme dans son arrêté du 15 même mois.

Le 22, après le coucher du Soleil, une salve d'artillerie & des fusées volantes annoncerent la fête. Le 23, dès le matin, on entendit rappeller dans les diverses sections, & à huit heures & demie la garde nationale sédentaire & en activité se rendirent sur la place de la Liberté.

A neuf heures toutes les autorités constituées se réunirent à la Maison Commune ; l'administration centrale, accompagnée d'un détachement de la garde nationale, s'y rendit aussi.

A dix heures le cortege dirigea sa marche vers

A

l'Esplanade, où -étoit majestueusement élevé un autel de la patrie, orné de drapeaux, de trophées, de statues & de devises relatives au mémorable événement du 10 Août.

Un détachement de cavalerie ouvroit la marche; suivoient les instituteurs de la jeunesse avec leurs éleves; au milieu d'eux étoit portée une banniere de forme antique, sur laquelle on lisoit :

AU DIX AOUT.

Honneur aux braves qui renverserent le trône.

Les Français ne reconnoissent d'autres maîtres que les lois.

Toutes les autorités constituées réunies, & précédées d'une musique guerriere.

Les divers bataillons de la garde nationale sédentaire & en activité.

Un détachement de cavalerie fermoit la marche.

Une salve d'artillerie annonce l'arrivée du cortege vers l'autel de la patrie, la musique exécute une ouverture martiale, les autorités constituées prennent la place qui leur étoit réservée, & les enfans de la patrie, accompagnés de leurs instituteurs, viennent, sur la premiere marche de l'estrade, déposer dans les mains du président de l'administration centrale l'inscription au 10 Août; le président la reçoit au milieu des plus vifs applaudissemens, & vient la placer au lieu le plus apparent de l'autel; l'artillerie, la musique, les chants républicains saluent cette inauguration,

Bientôt les inftituteurs de la jeuneffe fe grouppent autour de l'autel de la patrie, & s'engagent à haute voix, en préfence d'un peuple immenfe & des autorités conftituées, à n'infpirer à leurs éleves que des fentimens républicains, du refpeɗ pour les vertus, les talens, le courage, & de la reconnoiffance pour les fondateurs de la République; auffi-tôt l'hymne (*Allons enfans de la patrie*) a été entonné & chanté avec enthoufiafme, au milieu des applaudiffemens long-temps réitérés.

Après ce chant civique, le citoyen Desbarreaux, adminiftrateur du département, s'eft préfenté fur le devant de l'eftrade, & a dit :

GLORIEUSE & mémorable journée du 10 Août, falut! Ton anniverfaire effraie les amis des rois, éleɗrife toutes les ames républicaines, & préfage à l'Europe la chûte prochaine de toutes les tyrannies; c'eft en perpétuant ta fête & ton fouvenir que tous les cœurs s'impregnent de cet amour brûlant pour la Liberté, fans lequel il n'eft plus de patrie ni de bonheur; c'eft en nous entretenant de la viɗoire du peuple roi fur le dernier de fes tyrans, que nous apprécions notre indépendance, & que nous entretenons le feu facré. Gloire aux fédérés qui renverferent la triple barriere dont s'inveftiffoit le defpotifme, reconnoiffance à la légiflature héroïque, qui dépofa l'automate Capétien, qu'on ne faifoit mouvoir que pour river nos fers; hommage enfin au canon du peuple, qui pulvérifa le trône gothique, que foixante-fix tyrans avoient, pendant quatorze fiecles , cimenté du fang de leurs fujets.

Immortel 10 Août de 1792 , dont on ne peut parler fans enthoufiafme , honneur à tous les braves que tu vis fi énergiquement affronter la mort pour nétoyer l'étable des Tuileries , où tous les crimes royaux fe vautroient dans la fange , après s'être enivrés de la fueur du peuple.

Depuis le 14 Juillet la cour confpiroit ; fous une popularité feinte , elle fembloit adhérer aux décrets des mandataires du fouverain. Louis Capet fanctionnoit les lois , & les entendoit ridiculifer dans fon palais ; il portoit la cocarde aux trois couleurs , & la laiffoit fouler aux pieds dans des orgies ; il avoit eu l'air d'adhérer à la réforme de fa maifon , & entretenoit au-delà du Rhin , au dépens du tréfor public , une armée royale , avec laquelle on le flattoit de reconquérir le fouverain pouvoir , & de reconftruire les cachots de la Baftille : des prêtres réfractaires , des miniftres liberticides , des femmes corrompues , des grands qui pleuroient leurs cordons , les fang-fues du peuple de toutes les couleurs répaiffoient de cette chimere le monarque imbécille , qui croyoit que pour réuffir il ne falloit que diffimuler ; déja il avoit fui vers les contrées tudefques , où tous les fuppôts du defpotifme l'attendoient ; il avoit prefque franchi les limites de notre territoire , & fans un républicain hardi , qui arrêta fa fuite vagabonde à Varennes , le ferment du jeu de Paume auroit peut-être été perdu pour la France , & l'autel de la patrie à jamais renverfé. L'attitude majeftueufe qu'avoit pris l'affemblée nationale dans ces crifes orageufes, fon aplomb impofant, & fon harmonieux enfemble , les talens fublimes & l'éloquence entraînante de fes orateurs juftement encore révérés , tout faifoit voir au peuple que ce n'étoit que parmi fes repréfentans fideles qu'il pouvoit trouver un appui & le garant de fon bonheur , & que la gothique idolatrie qu'on avoit voulu lui infpirer pour des rois féroces ou parjures , étoit un attentat à fes droits primitifs , qu'il étoit temps de reconquérir ; un mot alors prononcé énergiquement à la tribune , & la royauté n'étoit plus ; mais ce complément de gloire n'étoit pas réfervé aux créateurs de la Liberté , on craignit que cette vierge pure , qui ne venoit pour ainfi dire que de naître , ne fût point encore affez robufte pour réfifter aux attaques ouvertes & aftucieufes des agens de la royauté , on voulut de nouveaux crimes de la part du tyran , ils ne tarderent pas à paroître ; la conftitution royale n'étoit qu'un vain nom ; Louis juroit & fe parjuroit avec une perfidie qu'on n'avoit pas connue depuis l'infâme Charles IX ; tous les gens autrefois titrés couroient à Coblentz , pour rendre leurs parchemins à leurs familles , la couronne à leur idole , & reforger les rênes de fer du defpote , dont chacun vouloit avoir l'honneur de pouvoir renouer un chaînon.

La favante & majeftueufe affemblée conftituante n'étoit plus ; la cour croyoit que la légiflative n'avoit pas hérité du génie des premiers députés du peuple, en acceptant leurs chaifes curules ; elle trahiffoit la patrie plus ouvertement, parce qu'elle croyoit être moins obfervée ; en profcrivant les prêtres infoumis, Louis les protégeoit, parce qu'ils lui promettoient la béatitude : l'affemblée rendoit des décrets, le fatal *veto* les paralyfoit ; on arrêtoit des tonnes d'or & des équipages militaires innombrables qu'on envoyoit aux amis de la cour, que le fabreur des Tuileries raffembloit au-delà du Rhin ; on croyoit, en niant des faits authentiquement prouvés, fe juftifier & fafciner les yeux du peuple ; mais le génie de la Liberté vit que le gouffre étoit creufé, fa voix terrible fe fit entendre, & du département du Morbihan à celui du Gard, les fédérés unis volerent fur les bords de la Seine, pour défendre la patrie en péril & nous rendre la liberté.

Le 20 Juin avoit été le prélude du drame qu'on préparoit, & le perfide Capet avoit cru, en s'affublant du bonnet de la liberté, faire croire au peuple qu'il la défendroit ; mais les vainqueurs de la Baftille ne fe laifferent pas prendre à cette groffiere amorce ; ils virent les armes s'amonceler dans le palais des Tuileries, les chevaliers du poignard s'y aglomérer, tous les fuppôts du defpotifme y accourir, Louis paffer fes troupes en revue dans fon château, leur faire prêter ferment de le fervir, les enivrer pour qu'elles fecondaffent fes projets liberticides.

Le plan étoit concerté, tout étoit prévu, les

signes de ralliement diſtribués , & comme vingt ans auparavant, avec des ſoldats ſtipendiés , Guſtave III avoit ſubjugué le ſénat de Suede , Louis ſe flattoit de ſoumettre les délégués du peuple Franc avec des bayonnettes ; mais l'attente de notre cour corrompue fut trompée , les amis de la Liberté veilloient ; la commune de Paris fut inſtruite du piege ; les fédérés accoururent défendre la repréſentation nationale , & au moment où ils s'avançoient pour faire un rempart de leurs corps aux délégués du peuple , les troupes royales les aſſaillirent.

Leur rage alors ne ſe contint plus , le peuple fondit en maſſe ſur le château ; trois fois il fut repouſſé par la mouſqueterie des valets du palais; trois fois il revint à la charge , & aidé des braves Marſeillais qui rallierent les Pariſiens , il repointa le canon terrible du 10 Août , qui briſa les portes du repaire royal , d'où l'on tiroit ſur lui avec tant de barbarie , & la derniere heure de la royauté ſonna.

Le tyran alors prit la fuite ; ſes lâches ſuppôts s'évaderent , & ce fut dans le ſein de cette aſſemblée nationale , dont , deux heures auparavant , il méditoit la ruine , qu'il vint chercher un aſyle , & ſe mettre ſous la ſauve-garde des mandataires du ſouverain , dont juſques-là il avoit voulu méconnoître la loyauté. Ce fut là que finit ce pouvoir exécutif coloſſal , dont , pour n'avoir oſé ſécoué le joug de tous les préjugés , on avoit conſervé la ſouche premiere , afin que ſes ébranchemens paraſites puſſent ſe renouveller.

C'eft de cette glorieufe époque que date l'ére certaine de la Liberté; c'eft du 10 Août que nâquit cette République puiffante qui, malgré les orages révolutionnaires que la malveillance a fait naître fur fa furface, a acquis la prépondérance que mérite un grand peuple régénéré, & qui dicte aux rois qu'elle a vaincus, des traités qu'on enfeindra jamais impunément, & qui affurent à perpétuité notre indépendance.

En vain le tyran des mers veut venger la caufe des monarques du continent, en vain il équipe, à grands frais, des flottes pour effrayer fes peuples qui fe foulevent; l'Irlande a déja préparé fon 14 Juillet, & les habitans de Londres, malgré les jongleries de l'infâme Pitt, feront auffi leur 10 Août. Nelfon vogue en vain dans la méditerranée, la brave armée qui avoit chaffé le pape du Vatican, expulfé le grand-maître de l'Ifle de Malte, avant que les Anglais n'aient fougé à paffer le détroit, & le drapeau tricolore, flottant fur les côtes d'Afrique & à l'entrée de la mer Égée, il paroît difficile que les forbans de la Tamife puiffent gêner notre commerce des Dardanelles, & nous empêcher d'aller au Bengale par la mer Rouge, pour y brûler les comptoirs de l'orgueilleufe Carthage.

Encore quelques mois de victoires à l'extérieur, de facrifices dans l'intérieur, de perfévérance, de fageffe & de confiance en ceux qui tiennent les rênes, l'infolente Albion briguera l'honneur de notre alliance, & les conquérans de l'Italie chan-

teront

teront l'hymne à la Liberté fur les côtes de Coro-
mandel ; Commeils l'entonnoit nagueres fur les rives
du Mincio.

Immortelle journée du 10 Août, ces prodiges,
ces exploits étonnans, ces changemens politiques
fur le globe, ce triomphe de la raifon & de la philo-
fophie fur l'erreur, qui garrotoit l'efpece humaine,
ces miracles auxquels la poftérité aura peine à
croire, malgré la fidélité de l'hiftoire, toutes ces
merveilles dont nous nous énorgueilliffons d'avoir
été les témoins, font ton ouvrage ; c'eft toi qui
retrempas notre caractere, qui rompis la digue du
defpotifme, brifas le joug de fer dont nous char-
geoit la tyrannie, & au travers des ofcillations
orageufes & de la tourmente de tous les partis, nous
donnas l'impulfion qui nous a fait furgir au port, où
depuis quatre ans les vrais amis de la patrie travail-
lent à confolider la républicaine conftitution de
l'an 3, que les réactions féroces ont vainement
tenté d'ébranler, mais que le génie de la Liberté
couvre de fon aile tutélaire, & que la force de nos
armes victorieufes, rend à jamais inébranlable.
Victoire éclatante de la juftice fur le crime, jour à
jamais célebre dans nos faftes, tu nous appris à dire
avec l'auftere Caton, qui refufa de regarder le
tyran Ernicus que l'on avoit amené à Rome : Tout
prince defpote eft un mangeur de chair humaine,
que tout homme vertueux doit fuir. Puiffe l'ame de
Caton paffer dans nos ames, & identifiés avec fes
vertus ftoïques, prouvons aux fatellites du monar-

B

que infolent qui nous fait la guerre, que c'eft toujours avec la même idolàtrie que nous répétons
fpontanément : Gloire aux héros du 10 Août, à
toutes nos armées triomphantes, & vive la République.

Après ce difcours, fouvent interrompu par les
plus vifs applaudiffemens, la mufique exécute une
fymphonie républicaine, & le citoyen Jacques
Vayffe, préfident de l'adminiftration municipale,
prononce le difcours fuivant :

CITOYENS,

CE fut dans un jour femblable à celui-ci que
l'infâme Capet, ce tyran féroce, finit de fucer le
fang du peuple Français, & qu'à des jours où tout
nous faifoit craindre les cachots & la mort, fuccéda
le regne de la juftice & des chants d'alégreffe. O
mémorable journée du 10 Août, je te falue de concert avec les amis de l'indépendance !

Quel jour célebre que celui où le peuple de la
grande nation, glorieux d'avoir conquis la liberté,
jura, fur ce même autel, une haine éternelle à la
royauté, & prit l'inébranlable réfolution de ne plus
fouffrir qu'un defpote lui redonnât des fers. O
mémorable journée du 10 Août, je te falue de
concert avec les amis de l'indépendance !

Les crimes de Capet vous font affez connus,
pour que j'entreprenne de vous en faire l'énuméra-

tion ; votre mémoire vous rappelle fuffifamment toutes fes intelligences avec les rois coalifés contre la nation Françaife, à fin de la ramener fous fa domination ; l'hiftoire tranfmettra à la poftérité fes nombreufes perfidies, & difculpera le peuple des calomnies qu'on a déverfées contre lui. Occupons-nous dans ce jour, juftement célébré, à jetter quelques fleurs fur la tombe des braves fédérés, qui périrent en combattant les partifans du trône, & en bravant le canon du tyran.

Intrépides Bretons, qui accourûtes des embou-chures de la Loire ; Marfeillais indomptables, qui quittâtes l'ancienne ville des Phoccens, pour venir au fecours de la patrie en danger & pour défendre les droits de l'homme, les républicains de Touloufe vous offrent l'hommage pur de leur reconnoiffance ; ombres immortelles, le temps n'effacera point de notre fouvenir votre héroïque dévouement ; venez quelquefois planer fur nos habitations, pour con-tinuer de nous imprégner ce feu facré de la liberté dont vous fûtes embrafés ; maintenez parmi nous, & dans toutes les républiques, cette harmonie & cet enfemble dont vous donnâtes, le 10 Août, un exemple fi merveilleux : ombres auguftes, que l'amour de la patrie qui vous anima, nous ferve chaque jour de leçon & nous rende jaloux de nous montrer dignes de la victoire, que votre intrépidité remporta dans ce temps de trouble & de calamité.

Citoyens, qui avez pleuré la mort des héros dont je retrace à votre fouvenir les hauts-faits, continuez de prouver à vos détracteurs, par votre conduite publique, votre sincere attachement à la constitution de l'an 3 ; résistez aux suggestions perfides du royalisme, afin que, désespéré de votre attitude calme & majestueuse, il voie continuellement ses homicides projets échouer contre la force du gouvernement que le peuple a voulu se donner.

Instituteurs de la jeunesse, vous qui êtes chargés par vos fonctions de former des défenseurs à la patrie, des magistrats, des citoyens, entretenez souvent vos jeunes éleves des motifs de la fête de ce jour, qui vit rompre & tomber nos fers ; gravez profondément dans leur esprit l'amour de la République, songez que ce sont des hommes libres que vous avez à élever, ainsi n'en faites point de Sibarites ; inspirez-leur le charme de la vertu, l'horreur du vice : instituteurs républicains, pénétrez - vous de l'importance de vos devoirs, de l'esprit de la constitution qui nous régit, & la France verra sortir de vos écoles des citoyens qui viendront avides de prendre pour modeles les grands hommes que produisirent les Républiques de Rome, d'Athênes, de Lacédemone, les vainqueurs du 10 Août, ainsi que les autres héros que le génie de la Liberté a enfantés depuis l'aurore de notre révolution.

Ce discours excite les plus vifs applaudissemens, & les cris unanimes de vive la République, vive les fédérés, remplissent les airs.

Aussi-tôt la musique prélude le chant du 10 Août, paroles du citoyen Carré, professeur de belles lettres à l'école centrale.

HYMNE

Pour la fête du 10 Août (23 Thermidor, sixieme année républicaine.)

Air : *Français, le signal est donné*, &c.

Non, les rois ne sont pas des dieux ;
En vain l'esclave les encense ;
Nous croirions outrager les cieux
En divinisant leur puissance :
Dans les fastes de l'univers
Ils ont consacré tous les crimes ;
Que demandent leurs cœurs pervers ?
Ou des flatteurs, ou des victimes.

CHŒUR.

Craignez, ô rois, nos sanglantes leçons :
Ce jour *(bis)* a vu tomber le trône des Bourbons.

De nos superbes oppresseurs
Faut-il rappeller la mémoire ?
Faut-il retracer les horreurs
Dont ils ont souillé notre histoire ?
Jouets de leur stupidité,
Indolens ou barbares maîtres,
Ils s'enivrent de volupté
Ou s'arment du poignard des prêtres.

Craignez, &c.

Voila donc ces tyrans facrés
Que regrette un orgueil rebelle,
Lorfque les rois défefpérés
Défertent enfin leur querelle !
Toi qu'a frappé la Liberté,
Je rends grace à ton forfait même ;
Il falloit ta duplicité
Pour nous venger du diadême.

Craignez, &c.

⬿⬾

Cet hymne, chanté à grand chœur, a électrifé toutes les ames, & a valu à fon auteur des applaudiffemens juftement mérités.

Une falve d'artillerie a annoncé le départ. Le cortege a repris le même ordre de marche, & s'eft rendu autour de l'arbre de la Liberté, fur la place de la Maifon Commune : le couplet (*Amour facré de la patrie*) y a été entonné avec enthoufiafme ; & pendant ce couplet religieux, le préfident de l'adminiftration centrale a appendu à l'arbre de la Liberté l'infcription du 10 Août, & le cortege eft rentré dans la Maifon Commune au milieu des cris de vive la République.

Il étoit alors près de midi, & chaque citoyen fe rendoit gaiment ou au fein de fa famille, ou bien à l'un des nombreux banquets civiques qui eurent lieu ce jour là. Grand nombre d'étrangers venus dans notre commune pour goûter les plaifirs de la fête, y furent reçus par-tout avec les égards de l'amitié franchement hofpitaliere ; fatisfaits de la pompe de nos folemnités , ils prirent part à la joie de nos banquets , porterent avec nous des fantés à l'immortalité de la République , au 10 Août & à tous les événemens glorieux qui ont confolidé la Liberté de la grande nation , au corps légiflatif , au directoire exécutif , aux armées , & à leurs intrépides généraux.

La foirée étoit confacrée à un exercice de petite guerre , & à un débarquement fimulé. Auffi les gardes nationales & tous ceux qui devoient prendre une part active à ces manœuvres militaires , ne tarderent pas à prendre congé des convives , & lorfque la générale fe fit entendre , chacun s'empreffa de fe rendre à fon pofte ; au rappel , les gardes nationale fédentaire & en activité , étoient déja rendues autour de leurs drapeaux refpectifs ; des nombreux trains d'artillerie , fervie par ceux de nos concitoyens qui avoient une connoiffance de cette arme ; la gendarmerie , un détachement du quatorzieme régiment des chaffeurs à cheval , & une compagnie d'huffards , formée de ceux de nos concitoyens qui avoient fervi dans la cavalerie , arrivent au lieu du raffemblement général.

La nouveauté de ce fpectacle , les difpofitions prifes depuis long-temps pour l'exécuter avec précifion , le zele vraiment patriotique de nos gardes nationales , l'intérêt qui y avoient mis les magiftrats , tout enfin avoit donné une jufte idée de ces jeux militaires , & la totalité de nos concitoyens défiroient vivement le plaifir de les voir s'exécuter fous leurs yeux ; aufli à trois heures de l'après-midi toutes nos maifons étoient parfaitement défertes ; car les hommes, les femmes, les vieillards, les enfans, tous s'étoient rendus autour de la vafte prairie qui borde le cours Cyprien, lieu défigné pour la petite guerre & le débarquement, & malgré cette abfence générale, nous n'avons point eu en ce jour l'exemple du plus petit vol.

On voyoit dans la prairie à la pointe qui eft entre la Garonne & l'alluvion, le fimulacre d'un fort majeftueufement élevé, fur lequel flottoit le pavillon Anglais.

Toute la prairie étoit parfaitement libre, ainfi que le cours de la Garonne ; l'œil du fpectateur erroit tout étonné autour de cette vafte enceinte. Toute la longueur du Pont, toute celle de la promenade, appellée cours Cyprien, recevoient fix rangs de citoyens ; l'immenfe talus qui fe préfente fur la route de l'Arriege, immédiatement après la barriere, étoit couvert de fpectateurs de tout âge & de tout fexe ; en face, de l'autre côté de la Garonne, fous les rameaux de verdure qui ombragent fi pittorefquement l'Ifle du moulin de la poudre, fe trouvoit une foule immenfe, les uns à l'ombre des charmilles, les autres perchés jufqu'à la cime des arbres les plus majeftueux ; en longeant vers l'Ifle de Tounis, l'œil fe perdoit au milieu de la variété qu'offroient toutes les fenêtres exactement occupées, ainfi que les galeries, les toits & les jardins qui fe prolongent

jufqu'au

jufqu'au bord des eaux. On ne pouvoit jamais fe
raffafier du plaifir de voir cette immenfe réunion &
la variété qu'elle offroit. Les uns difoient, il y a
plus de trente mille hommes ; les autres portoient
le nombre plus haut ; mais, dans la vérité du fait ,
nous n'avons eu à Touloufe qu'un feul exemple d'une
telle réunion , celui de la fédération de 1791. Le
temps étoit fombre , les feux du jour conféquem-
ment tempérés ; en forte que tout concordoit admirablement pour que la fête reçût tout l'éclat qu'on lui
avoit imprimé , & donnât à nos concitoyens des plaifirs purs & fans fatigue.

Les autorités conftituées , précédées d'une mufique militaire , & accompagnées d'un détachement
de vétérans nationaux , arrivent & prennent, avec
les peres & meres des défenfeurs de la patrie , la
place qui leur étoit honorablement réfervée.

Au même moment les troupes qui devoient figurer
l'ennemi , entrent dans le fort ; le commandant
s'établit dans un état de défenfe refpectable ; il
foigne les hauteurs, difpofe utilement fon artillerie ,
fait occuper le terrein plat par fa cavalerie , &
renforce les bords de la riviere : il partoit alors,
du port *Pierre*, une flotille très-bien armée & bien
équipée ; des petites nacelles artiftement pavoifées ,
figuroient les avifos d'avant-garde , la ligne étoit
admirablement obfervée. Un très-grand nombre de
bateaux plats , portant les troupes du débarquement,
marchoient en ordre fous fa protection. Le pavillon
national étoit fur cette jolie flotte ; les enfans natu-

rellement imitateurs , suivoient ce convoi dans de petites chaloupes , qu'ils avoient adroitement formé avec des pétrins ; ils avoient auſſi leur pavillon & leur armement presque couchés dans leur petite nacelle ; chacun , de leur foible bras , faiſoit voler la petite rame ; souvent , dans ſa marche inégale , le petit batelet faiſoit la culbute , & le jeune naufragé pouſſoit à la nage ſa nacelle renverſée , & parvenu à bord , la remettoit dans ſon état naturel , & revenoit courir la chaſſe.

Bientôt ſur les hauteurs , du côté de la route de l'Arriege , ſe fait une attaque. Ce poſte eſt vigoureuſement défendu ; & comme c'eſt le ſeul endroit où la cavalerie puiſſe manœuvrer , les troupes de cet arme y ſont réunies , & s'eſcaramouchent mutuellement.

Le commandant du fort s'apperçoit du projet de deſcente , il rappelle la plus forte partie de ſes troupes , & les met en bataille dans la prairie , au-devant du fort , protégées par ſon artillrie , qui fait un feu continuel ſur les batteries Françaiſes qui protégent le débarquement.

La flotille avançoit toujours durant ſes mouvemens , & faiſoit feu ſur tout ce qu'elle trouvoit en poſition de défendre l'abordage. Les canons du fort , tournés en écharpant le cours de la riviere , tiroient ſur les bateaux de débarquement. Bientôt les tirailleurs Français approchent , & le commandant du fort détache vers eux quelques hommes pour les empêcher d'avancer ; la deſcente s'opere , tandis que les tirailleurs amuſent l'ennemi ; & à meſure que les troupes Françaises débarquent , elles prennent ordre de bataille dans la prairie. Au signal convenu , les tirailleurs rentrent dans la ligne , & l'on voit partir un parlementaire avec un tambour , qui va sommer le commandant du fort de se rendre ; bientôt cet envoyé est de retour avec une réponse négative : alors la colonne Française marche à l'ennemi qui l'attend de pied ferme. Les feux d'artillerie & de mousqueterie sont exécutés de part & d'autre avec une précision rare. On apperçoit quelques désordres dans la colonne Française, la retraite lui est ordonnée , elle s'opere par échelons , toujours du côté du lieu du débarquemenr , & en faisant feu de peloton , l'ennemi la poursuit , sans néanmoins presser trop son feu , car il falloit donner le spectacle imposant d'une retraite faite dans le meilleur ordre.

Le peloton qui étoit resté au lieu du débarquement , vient aussi-tôt renforcer la ligne qui marche de nouveau à l'ennemi , en exécutant les feux les plus soutenus ; alors il se met du désordre dans les rangs ennemis, le commandant cherche à les rallier : soins inutiles , ... le désordre augmente au point que les Français les poursuivent au pas de charge , & font beaucoup de prisonniers ; le commandant du fort rentre alors précipitamment avec les restes de sa troupe.

La flotille étoit alors mouillée devant le fort , qui la canonnoit vigoureusement , & sous sa protection , une forte colonne Française voyant l'ennemi repoussé , passe le bras de la riviere , se forme de fuite , marche fur le fort au moment que l'ennemi y entre en défordre : mais un pofte nombreux lui oppofe une vive réfiftance , le fort fe défend vigou-reufement ; quelques barques font cenfées atteintes , elles prennent feu & chavirent , ceux qui les mon-toient fe fauvent à la nage.

. Le pofte , du côté de la route de l'Arriege , n'ayant fait qu'efcaramoucher fa cavalerie avec la cavalerie Françaife , le commandant apperçoit que la colonne Françaife fe replie , il fe replie auffi du côté de la plaine ; alors la cavalerie fe charge mutuellement.

Auffi tôt le corps de bataille des Français de la plaine reprend le terrein qu'il a perdu , & vient attaquer le pofte en effayant de le tourner. Le com-mandant du pofte y tient quelque temps ; mais il eft obligé de fe replier avant que la retraite ne lui foit coupee : auffi-tôt le commandant du fort fe trouvant cerné de tous côtés , fait rentrer tout ce qu'il peut de fa troupe , fait battre la chamade , & envoie un parlementaire au commandant Français , qui le fait bientôt après reconduire au fort par un autre parle-mentaire Français , chargé des articles fignés de la capitulation. Auffi-tôt que le commandant en a pris connoiffance , il difpofe fes troupes en bataille fur les glacis de la place. Toutes les troupes Françaifes fe réuniffent ; un détachement de grenadiers va prendre poffeffion des poftes ; le drapeau tricolore eft arboré , & auffi-tôt la colonne Françaife entre dans le fort , précédée d'une mufique guerriere , qui remplit les airs des fons patriotiques , & aux cris mille fois répétés de vive la République.

(21)

Qu'il foit permis en cet inftant précieux , à l'œil
fatisfait de l'obfervateur , de fe détourner de l'objet
intéreffant qu'il admire , pour parcourir l'immenfe
réunion qui affifte à la fête : combien de bras levés
en l'air , de chapeaux agités en figne de joie , des
mouvemens d'alégreffe. Qu'il eft grand & impofant
ce cri national parti à la fois de mille & mille bou-
ches, & couvert par un tonnerre d'applaud femens.
Non, rien n'eft auffi beau , rien n'eft auffi digne
d'admiration que cette vafte & immenfe affemblée :
à la fédération de 1791 c'étoit de même ; & non,
mille fois non , quelques êtres ifolés ofoient encore
y pouffer le cri des efclaves ; mais à la fête du 10
Août de l'an 6, fi quelque royalifte y a paru , il a
dû fe pénétrer de toute la majefté , de toute la force
de la volonté nationale , & maudire fa fatale penfée.

Bientôt les deux armées réunies remontent vers
la route de l'Arriege. Les autorités conftituées
prennent place au milieu d'elles, & au fon des
fanfares , des cris de vive la République , tout
s'achemine vers la Maifon Commune. Toutes les
rues où paffe ce cortege font engorgées par les
flots d'un peuple empreffé , ivre de joie & d'admiration. Arrivés fur la place de la Liberté , l'artillerie
eft reconduite à l'arfenal par des détachemens d'jn-
fanterie. Les divers bataillons fe retirent dans leurs
quartiers refpectifs , & les bons citoyens dans leurs
paifibles domiciles ; en forte que le retour de l'étoile
du foir trouva encore nos républicains en fête , mais
au milieu de l'ordre & du calme qu'infpiroit la plus
belle des nuits.

Telle a été à Touloufe la fête du 10 Août de l'an 6 ; elle a dû toute fa pompe au zele, à l'activité de nos concitoyens, qui l'ont fi bien parée de toute leur préfence ; à l'adreffe & aux connoiffances de nos gardes nationales fédentaires & en activité, fur-tout à la vigilance & aux talens militaires du général de brigade Pinon, commandant à Touloufe, qui a donné le plan de fes exercices, & les a faits exécuter avec une rare précifion.

Les magiftrats comptent au nombre de leurs plus douces jouiffances la fête du 10 Août de l'an 6, parce qu'elle leur a paru propre à la propagation de l'efprit républicain, & un moyen sûr d'attacher tous les cœurs à la conftitution républicaine de l'an 3, & au gouvernement qu'elle conftitue ; car elle a fait une telle impreffion, que nos plus jeunes enfans n'en perdront jamais le fouvenir; & en fe rappellant la fête, ils auront auffi toujours préfent ce jour glorieux de notre révolution, qui vit le trône fe brifer en éclats ; ils fauront de bonne heure ce qu'étoient les rois, & n'en parleront jamais que pour les avoir en horreur, & bénir les lois fages de la République.

Js. VAYSSE, *préfident* ; MUREL, BEZIAT, MERCIER, RIGAILHOU, GAUBERT, CORBET, PIQUEPÉ, PAULVAYSSE, adminiftrateurs municipaux, *fignés.*

MARTIN-BERGNAC, commiffaire du directoire exécutif.

PHILIP, fecrétaire en chef.